Kochen ohne
Schnickschnack

EDITION XXL

Inhalt

Vorwort

Wem läuft nicht das Wasser im Munde zusammen, wenn er an das Essen seiner Kindheit denkt? Die vielen leckeren Gerichte, die zu Großmutters Zeiten gekocht wurden, sind heute schon fast in Vergessenheit geraten. Die Kombination aus Tiefkühlpizza und Zeitnot hat ihnen den Garaus gemacht. Dabei sind die Rezepte keineswegs so zeitaufwendig, wie viele glauben.

Begeben Sie sich doch einmal auf eine Reise in die kulinarische Vergangenheit und entdecken Sie, wie zufrieden, satt und glücklich man sich nach einer guten Mahlzeit fühlen kann. Mit den Rezepten, die ich in diesem Kochbuch für Sie zusammengestellt habe, können Sie sofort einsteigen: Die Gerichte sind einfach und ohne großen Aufwand zu kochen und enthalten weder teure noch komplizierte Zutaten – ohne jeglichen Schnickschnack!

Bei der Auswahl der Rezepte habe ich darauf geachtet, dass sowohl Anfänger damit zurechtkommen als auch Kocherfahrene Spezielles nachschlagen können. Das Nachkochen soll nicht mit mühevoller und langwieriger Arbeit verbunden sein, sondern es soll vor allem Spaß machen. Vielleicht wird dabei auch die eine oder andere Erinnerung wieder wach …

Wenn Sie dann Ihrer Familie oder Ihren Gästen Köstlichkeiten aus der Kindheit servieren, ist das schönste Kompliment, wenn es heißt: „Schmeckt wie bei Oma!“

Viel Freude beim Kochen wünscht Ihnen

Ihre Elisabeth Bangert

Ratgeber

Küchenausstattung

Die Gerichte aus Großmutters Küche lassen sich mit der heute üblichen Küchenausstattung problemlos nachkochen: Töpfe, Pfannen, Messer, Messbecher, Sieb, Schneebesen, Kartoffelpresse, Kochlöffel, Schöpf- und Schaumkelle und Pfannenwender – diese Dinge befinden sich sicher bereits in Ihrem Küchenschrank. Und mehr benötigen Sie auch nicht! Mit einem elektrischen Handrührgerät kann man sich zwar die Arbeit erleichtern, aber es geht auch ohne.

Zutaten pro Person

Die folgende Liste ist eine nützliche Hilfe bei der Berechnung von Mengen und für den Einkauf. Zu Großmutters Zeiten rechnete man pro Person:

¼ l Suppe
⅛ l Soße
150 g Fleisch mit Knochen
100 g Fleisch ohne Knochen
250 g Fisch
250 g Gemüse

250 g Kartoffeln
60 g Reis
60 g Teigwaren
100 g Hülsenfrüchte als Gericht
50 g Hülsenfrüchte als Suppeneinlage

Anhand dieser Mengenangaben kann man leicht feststellen, dass unsere Großeltern weniger Fleisch und mehr Beilagen gegessen haben, als heute allgemein üblich.

Zutaten

Apfelmus

Äpfel sind ein sehr beliebtes heimisches Obst. Ein Mus aus gekochten Äpfeln wird häufig als Beilage zu Kartoffel- oder Mehlspeisen gegessen. Es kann fertig gekauft oder frisch zubereitet werden. Für Apfelmus eignen sich fast alle Apfelsorten, am schnellsten weich sind allerdings die typischen Backäpfel, allen voran der Boskoop. Auch Cox Orange, Renette, Gravensteiner oder Elstar sind geeignet. Sie können in dem Mus eine Zimtstange mitkochen, das gibt ein feines Aroma.

Eier

Das Ei ist ein Multitalent: Neben verschiedenen Zubereitungsarten eignet es sich zum Abbinden von Soßen, als Haftmittel für Panade und natürlich als Bestandteil vieler Speisen und Kuchen. Kaufen Sie nur frische Eier, möglichst aus Freilandhaltung, und bewahren Sie sie im Kühlschrank auf. Bevor Sie Eier in einen Teig oder ein anderes Gericht geben, sollten Sie sie einzeln in eine Tasse aufschlagen. Erst wenn Sie sich vergewissert haben, dass das Ei frisch ist, können Sie es verarbeiten.

Fleisch

Zu Omas Zeiten wurde Fleisch oft nur an Sonn- und Feiertagen serviert. Bevorzugte Fleischsorten waren Schwein, Rind und Huhn, da man diese frisch und regional kaufen konnte. Achten Sie beim Einkauf ebenfalls auf diese Merkmale, um beste Qualität zu bekommen. Bei Fleisch gilt: Weniger ist mehr, also besser kleine Mengen von hoher Qualität verwenden.

Gemüse

Heimische Gemüsesorten, wie Wurzelgemüse, Lauch und Kohl, standen früher häufig auf dem Speiseplan. Sie sind reich an Vitaminen, Mineral- und Ballaststoffen und sowohl im Supermarkt als auch auf dem Markt frisch erhältlich. Als Suppenzutat wird es im praktischen Bund angeboten: mit Sellerie, Karotte, Lauch und Petersilie. Beim Kauf von Blumenkohl sollten Sie darauf achten, dass er schön weiß ist und keine braunen Stellen aufweist.

Hülsenfrüchte

Wegen ihrer langen Haltbarkeit eignen sich Hülsenfrüchte gut zur Vorratshaltung. Außerdem sind sie preiswert und gesund. Sie liefern viel pflanzliches Eiweiß, wertvolle Vitamine und Mineralien.

Kartoffeln

Sie sind sättigend, vitamin- und nährstoffreich – und mit 70 Kalorien pro 100 g sogar ausgesprochen kalorienarm. Die Kartoffel war früher ein Grundnahrungsmittel und wurde vor allem wegen ihrer Vielseitigkeit geschätzt. Es gibt sie in drei Sorten: festkochend (für Kartoffelsalat), vorwiegend festkochend (für Pell-, Salz- und Bratkartoffeln) und mehligkochend (für Püree, Suppe und Klöße). Lagern Sie Kartoffeln immer kühl und dunkel, da bei Lichteinfall das giftige Solanin gebildet wird, welches Übelkeit und Bauchschmerzen verursachen kann. Trübe und grüne Stellen müssen vor der Zubereitung unbedingt weggeschnitten werden.

Mehlschwitze

Die Grundlage für eine gute Soße ist bei vielen Rezepten aus Omas Küche eine Mehlschwitze, auch Einbrenne genannt. Hierbei wird in einem Topf oder einer Pfanne Fett erhitzt, Mehl hinzugegeben und alles unter ständigem Rühren mit dem Schneebesen angeschwitzt. Dann wird mit Brühe aufgegossen und solange weitergerührt, bis keine Klümpchen mehr vorhanden sind. Die Konsistenz der Soße ist abhängig von der Menge der zugegebenen Flüssigkeit.

Kräuter und Gewürze

Die klassischen Salatkräuter Schnittlauch, Petersilie und Dill wuchsen früher in jedem Garten. In Röllchen geschnittener Schnittlauch oder klein gehackte Petersilie geben vielen Gerichten den letzten Schliff und die zarten Dillspitzen verfeinern vor allem Fischzubereitungen. Liebstöckel, auch als Maggikraut bekannt, war eine unverzichtbare und äußerst würzige Zutat für Omas Suppen. In den Gewürzregalen unserer Großeltern fanden sich neben Salz und Pfeffer bereits exotische Gewürze, wie Muskatnuss, Lorbeer, Zimt oder Nelken, die heute für uns selbstverständlich sind. Muskatnuss sollte immer frisch gerieben und sparsam verwendet werden. Lorbeerblätter werden in Eintöpfen mitgekocht und müssen vor dem Servieren wieder entfernt werden. Mit Zimt und Nelken würzt man meistens Süßspeisen.

Brotsuppe

Zutaten:
(für 4 Personen)

1 Zwiebel
2 Knoblauchzehen
200 g altbackenes Graubrot
(ca. 4 Scheiben)
½ Bund Schnittlauch
3 EL Butter
1½ l Fleisch- oder Gemüsebrühe
Pfeffer
Salz

Zubereitung:

1. Die Zwiebel und die Knoblauchzehen abziehen und fein würfeln. Das Brot in kleine Würfel schneiden. Den Schnittlauch waschen, verlesen und in Röllchen schneiden.

2. 1 EL Butter in einer Pfanne schmelzen und die Zwiebel- und die Knoblauchwürfel darin glasig schwitzen, dann vom Herd nehmen.

3. Die restliche Butter in einem großen Topf erhitzen, die Brotwürfel hinzufügen und von allen Seiten gut anrösten. Anschließend die Zwiebel- und Knoblauchwürfel dazugeben.

4. Die Fleisch- oder Gemüsebrühe erhitzen und vorsichtig zu den Brotwürfeln gießen. Mit Salz und Pfeffer nach Geschmack würzen und kurz ziehen lassen.

5. Die Suppe auf Teller verteilen, mit Schnittlauchröllchen bestreuen und sofort servieren.

Wussten Sie …?

Graubrot ist ein Mischbrot aus Roggen- und Weizenmehl. Je nachdem, welcher Mehlanteil überwiegt, heißt es auch Roggenmischbrot oder Weizenmischbrot.

Zutaten:
(für 6 Personen)

1 Hähnchen (ca. 1½ kg)
2 EL gekörnte Brühe
3 Karotten
1 Stange Lauch
3 Frühlingszwiebeln
3 Schalotten
175 g Reis
geriebene Muskatnuss
1 Stängel Liebstöckel (Maggikraut)
1 Bund Petersilie
Pfeffer
Salz

Zubereitung:

1. Das Hähnchen unter fließendem, kaltem Wasser abwaschen. In einem großen Topf mit ca. 3 l Wasser und 1 TL Salz zum Kochen bringen. Die gekörnte Brühe einrühren und das Hähnchen bei mittlerer Hitze ca. 1 Stunde gar kochen, dann in der heißen Brühe stehen lassen.

2. Die Karotten schälen, der Länge nach in Scheiben und dann in schmale Streifen schneiden. In kochendem Salzwasser bissfest garen. In einem Sieb abtropfen lassen.

3. Den Lauch waschen, putzen und in ca. 5 mm breite Ringe schneiden. In kochendem Wasser blanchieren und dann in einem Sieb abtropfen lassen.

4. Die Frühlingszwiebeln und die Schalotten putzen und in kleine Würfel schneiden.

5. Das Hähnchen aus der Brühe nehmen und etwas abkühlen lassen. Die Haut entfernen und das Fleisch von den Knochen lösen. Alles in kleine Stücke schneiden.

6. Die Hühnerbrühe erneut zum Kochen bringen, den Reis hineingeben und bissfest garen.

7. Kurz vor Ende der Kochzeit das vorbereitete Gemüse und zum Schluss das Hühnerfleisch dazugeben. Mit Salz, Pfeffer und etwas Muskatnuss abschmecken.

8. Den Liebstöckel waschen, die Blättchen abzupfen, klein schneiden und in die Suppe rühren. Die Petersilie waschen und ebenfalls klein schneiden. Die Hühnersuppe auf Teller verteilen und mit Petersilie bestreut servieren.

Hühnersuppe mit Reis

Tipp

Wenn Sie Wert auf eine gehaltvollere Brühe legen, können Sie statt eines Hähnchens ein Suppenhuhn verwenden. Dieses muss allerdings länger kochen als ein Hähnchen und hat auch wesentlich zäheres Fleisch.

Kartoffelsuppe mit Suppenfleisch

Zutaten:
(für 6 Personen)

750 g Suppenfleisch
1 kg vorwiegend festkochende Kartoffeln
1 kleine Sellerieknolle, mit Grün
4 Karotten
2 Zwiebeln
200 g durchwachsener Speck
50 g Margarine
2 EL gekörnte Brühe
1 Stängel Liebstöckel (Maggikraut)
geriebene Muskatnuss
Pfeffer
Salz

Zubereitung:

1. Das Suppenfleisch in ca. 3 l Wasser mit 1 TL Salz zum Kochen bringen. Bei mittlerer Hitze ca. 1 Stunde kochen lassen.

2. Die Kartoffeln waschen, schälen und in Scheiben schneiden. Die Sellerieknolle schälen und in Würfel schneiden. Das Selleriegrün waschen und klein schneiden. Die Karotten schälen, der Länge nach in Scheiben und dann in Streifen schneiden.

3. Die Zwiebeln abziehen und in feine Würfel schneiden. Den Speck ebenfalls würfeln.

4. In einem großen Topf die Margarine erhitzen und die Speckwürfel darin anbraten. Die Zwiebelwürfel dazugeben und alles glasig dünsten. Nach und nach den klein geschnittenen Sellerie und die Karotten dazugeben. Das Ganze unter ständigem Rühren anbraten.

5. Mit den Suppenfleischsud aufgießen und zum Kochen bringen. Die gekörnte Brühe und die Kartoffelscheiben einrühren und ca. 15 Minuten weiterkochen, bis die Kartoffeln bissfest gegart sind.

6. Das Suppenfleisch vom Fett befreien, in kleine Würfel schneiden und in die Suppe geben. Mit Salz, Pfeffer und Muskatnuss abschmecken.

7. Den Liebstöckel waschen, die Blätter von den Stielen zupfen, klein schneiden und in die Suppe einrühren.

Tipp

Dazu schmecken Wiener Würstchen oder Reibekuchen.

Zwiebelsuppe

Zutaten:
(für 6 Personen)

6 große Zwiebeln
100 g Butterschmalz
70 ml Weißwein
1½ l Fleisch- oder Gemüsebrühe
geriebene Muskatnuss
1 Bund Schnittlauch
Pfeffer
Salz

Zubereitung:

1. Die Zwiebeln abziehen und in halbe Ringe schneiden.
2. In einem großen Topf das Butterschmalz erhitzen und die Zwiebeln darin andünsten. Mit Pfeffer würzen und den Weißwein dazugeben.
3. Die Fleisch- oder Gemüsebrühe angießen und kurz aufkochen lassen. Mit Salz, Pfeffer und Muskatnuss abschmecken.
4. Den Schnittlauch waschen und in kleine Röllchen schneiden. Die Suppe auf Tellern oder in Suppentassen anrichten und mit Schnittlauch bestreut servieren.

Tipp

Für überbackene Zwiebelsuppe legt man auf die mit Suppe gefüllten, möglichst feuerfesten Tassen je ein Stück Weißbrot, bestreut es mit geriebenem Käse und überbackt das Ganze im Backofen bei ca. 160 °C Oberhitze, bis der Käse eine goldbraune Farbe hat.

Handkäse mit Musik

Zutaten:
(für 4 Personen)

3–4 Zwiebeln
12 EL Essig
15 EL Öl
12 Harzer Käse
Pfeffer
Salz

Zubereitung:

1. Die Zwiebeln abziehen und in sehr feine Würfel schneiden.

2. In einer großen Schüssel die Zwiebelwürfel mit Essig, Salz und Pfeffer gut durchmischen. Zum Schluss das Öl hinzufügen.

3. Den Harzer Käse in die Schüssel mit der Zwiebelmasse geben und alles gut vermischen.

4. Das Ganze sollte mindestens 4–5 Stunden durchziehen.

Tipp

Die Soße kann mit frischem, fein geschnittenem Schnittlauch und Petersilie verfeinert werden. Am besten schmeckt dazu frisches Bauernbrot mit Butter.

Odenwälder Kochkäse

Zutaten:
(für 4 Personen)

500 g Schichtkäse
1½ TL Natron
40 g Butter
Salz

Zubereitung:

1. Den Schichtkäse in einem Sieb über Nacht gut abtropfen lassen.

2. Den abgetropften Schichtkäse in einen ausreichend großen Topf geben, mit dem Natron gut vermischen und für ca. 2 Stunden an einem warmen Ort ruhen lassen.

3. Auf kleiner Flamme den Schichtkäse mit den Rührbesen des Handrührgerätes so lange rühren, bis sich alle Klümpchen aufgelöst haben und der Kochkäse eine sämige Konsistenz hat. (Sieht in etwa wie Vanillepudding aus.)

4. Zum Schluss die Butter unterrühren und den Käse mit einer Prise Salz abschmecken.

Tipp

Dazu passen kräftiges Schwarzbrot und frisch gehackte Zwiebelwürfel. Außerdem gehören in einen echten Kochkäse 1–2 TL Kümmel. Da nicht jeder diesen Geschmack mag, sollten Sie den Kümmel getrennt dazu reichen. So kann sich jeder nach Belieben bedienen.

Tellerfleisch

mit Gewürzgurken

Zutaten:
(für 4 Personen)

2 EL gekörnte Brühe
Suppengewürz
1 kg Rindfleisch zum Kochen
2 Zwiebeln
2–3 Gewürzgurken
1 Bund Schnittlauch
4 EL Essig
4 EL Öl
2 Stängel Dill
Pfeffer
Salz

Zubereitung:

1. 3 l Wasser zum Kochen bringen. 1 TL Salz, die gekörnte Brühe und das Suppengewürz dazugeben. Das Fleisch in die kochende Brühe legen und je nach Dicke des Fleischstücks ca. 30–40 Minuten bei mittlerer Hitze kochen. Aus der Brühe nehmen und abkühlen lassen.

2. In der Zwischenzeit die Zwiebeln abziehen und in kleine Würfel schneiden. Die Gewürzgurken der Länge nach durchschneiden und würfeln. Die Zwiebel- und Gurkenwürfel in eine Schüssel geben und gut vermischen.

3. Den Schnittlauch waschen und in kleine Röllchen schneiden. Zusammen mit dem Essig, Salz und Pfeffer zu den Gurken und Zwiebeln in die Schüssel geben. Gut durchmischen und ganz zum Schluss das Öl einrühren. Die Soße gut 1 Stunde ziehen lassen.

4. Das abgekühlte Rindfleisch in dünne Scheiben schneiden. Mit der Soße auf Tellern anrichten und mit Dill dekorieren.

Tipp

Dazu schmecken frisches Roggenbrot und Butter oder auch frisch geriebener Meerrettich. Die nicht verwendete Fleischbrühe kann anderweitig, z. B. für eine gute Suppe, verwendet werden.

Käsespätzle-Auflauf

Zutaten:
(für 4 Personen)

500 g Mehl
5 große Eier
200 g geriebener Emmentaler
50 g Pflanzenfett
1 große Zwiebel
Salz

Zubereitung:

1. Das Mehl in eine Schüssel sieben, die Eier hineinschlagen, ½ TL Salz hinzufügen und mit einem Rührlöffel tüchtig durchrühren, bis der Teig Blasen wirft. Das Rühren ist wichtig, besser zu viel als zu wenig.

2. In einem großen Topf reichlich Salzwasser zum Kochen bringen. 1–2 EL Teig auf ein nasses Brett geben, mit einem in Wasser getauchten Messer oder Spätzleschaber dünn ausstreichen und dann feine, gleichmäßige Streifen in das kochende Wasser schaben. Dabei das Arbeitsgerät immer wieder in kaltes Wasser tauchen, damit der Teig nicht daran hängen bleibt.

3. Die Spätzle sind gar, wenn sie an der Oberfläche schwimmen. Dann mit einem Schaumlöffel herausnehmen, abtropfen lassen und beiseitestellen.

4. Die Zwiebel abziehen, in feine Würfel schneiden und in dem zerlassenen Fett kross anrösten.

5. Die fertigen Spätzle abwechselnd mit dem geriebenen Käse in eine Auflaufform schichten und mit Käse abschließen. Die Röstzwiebeln darüberstreuen und das Ganze im vorgeheizten Backofen bei 180 °C ca. 15–20 Minuten überbacken.

Tipp

Servieren Sie die Käsespätzle mit einem frischen grünen Salat oder einem Gurkensalat.

Zutaten:

(für 4 Personen)

1 kg Kartoffeln
2 Zwiebeln
250 g Schinkenspeck
2 Fleischwürstchen
30 g Butterschmalz
40 g Margarine
6 Eier
1 Bund Petersilie, fein geschnitten
Pfeffer
Salz

Zubereitung:

1. Die Kartoffeln waschen und mit der Schale in reichlich Salzwasser gar kochen. Die noch warmen Kartoffeln pellen und abkühlen lassen.

2. Die Zwiebeln abziehen und in feine Würfel hacken. Den Schinkenspeck in Streifen und dann in kleine Würfel schneiden.

3. Die abgekühlten Kartoffeln und die Fleischwürstchen jeweils in ca. 5 mm dicke Scheiben schneiden oder würfeln.

4. Etwa 15 g Butterschmalz in einer Pfanne erhitzen und die Fleischwurstscheiben von beiden Seiten knusprig anbraten. Die fertigen Scheiben auf einen Teller legen und im Backofen warm stellen.

5. Den Rest Butterschmalz in die Pfanne geben und die Speckwürfel knusprig anbraten. Die Zwiebelwürfel hinzufügen und das Ganze unter Rühren ein paar Minuten weiterbraten. Die fertige Mischung in eine kleine Schüssel füllen und im Backofen warm stellen.

6. Etwa 20 g Margarine in der Pfanne schmelzen und die Hälfte der geschnittenen Kartoffeln darin kurz anbraten. 3 Eier verquirlen, mit Salz und Pfeffer würzen und über die Kartoffeln gießen. Jeweils die Hälfte der Zwiebel-Speckmischung und der Fleischwurstscheiben über die Kartoffeln streuen und das Ganze bei geringer Hitze stocken lassen. Gelegentlich etwas einstechen, damit die Eiermasse auch unter die Kartoffeln läuft.

7. Das fertige Gericht mit einem Pfannenwender leicht anheben und auf einen flachen Teller ziehen. Die Hälfte der fein geschnittenen Petersilie darüberstreuen und das Bauernfrühstück im Backofen warm stellen. Die zweite Hälfte der Kartoffeln wie in Punkt 6 beschrieben zubereiten.

Deftiges

Bauernfrühstück

Tipp

Servieren Sie das Bauernfrühstück in schmiedeeisernen Pfannen. Das sieht nicht nur gut aus, sondern hält das Gericht auch länger warm.

Blumenkohlauflauf

Zutaten:
(für 4 Personen)

4 Kartoffeln
1 großer Blumenkohl
3 EL Butter
3 EL Mehl
150 ml Milch
geriebene Muskatnuss
2 EL gehackte Petersilie
250 g geriebener Emmentaler
Pfeffer
Salz

Zubereitung:

1. Die Kartoffeln waschen und in Salzwasser gar kochen. Den Blumenkohl in Röschen zerteilen und in Salzwasser ca. 15 Minuten kochen.

2. Die gegarten Kartoffeln abschütten, pellen und in Scheiben schneiden. Die Blumenkohlröschen mit einem Schaumlöffel herausnehmen und abtropfen lassen.

3. In einem Topf die Butter zerlassen und das Mehl mit dem Schneebesen einrühren. Unter ständigem Rühren die Milch langsam angießen und so lange weiterrühren, bis sich alle Klümpchen aufgelöst haben. Mit Salz, Pfeffer und Muskatnuss würzen. Die Petersilie zum Schluss unterrühren.

4. Eine Auflaufform gut einfetten und mit den Kartoffelscheiben auslegen. Etwas Käse darüberstreuen, die Blumenkohlröschen darauf verteilen und wiederum mit etwas Käse bedecken. Dann die Soße über den Auflauf gießen und als letzte Schicht den restlichen Käse darüberstreuen.

5. Im vorgeheizten Backofen bei 200 °C ca. 35 Minuten backen.

Tipp

Legen Sie die Blumenkohlröschen vor dem Kochen kurz in Salzwasser. Das Salzwasser treibt nämlich eventuelle, unerwünschte „Bewohner“ heraus.

Gebackene Kartoffelklöße

Zutaten:

(für 4 Personen)

1 kg Kartoffeln
125 g Kartoffelstärke
2 Zwiebeln
100 g durchwachsener Speck
50 g Butterschmalz
1 Bund Petersilie
Pfeffer
Salz

Zubereitung:

1. Die Kartoffeln waschen und mit der Schale in reichlich Salzwasser garen. Die Kartoffeln abschütten, pellen und noch heiß durch eine Kartoffelpresse drücken. Die Stärke und etwas Salz zu der Kartoffelmasse geben und mit einem großen Holzlöffel oder den Knethaken des Handrührgerätes rasch zu einem festen Teig rühren.

2. Einen großen Topf mit viel Salzwasser zum Kochen bringen, dann die Hitze herunterschalten, sodass das Wasser nur noch siedet. Die Hände mit Wasser befeuchten und aus der Kartoffelmasse Klöße formen. In das Kochwasser geben und ca. 10 Minuten gar ziehen lassen. Das Wasser darf nicht mehr sprudelnd kochen!

3. Wenn die Klöße gar sind, mit einem Schaumlöffel herausnehmen und abkühlen lassen.

4. In der Zwischenzeit die Zwiebeln abziehen und zusammen mit dem Speck würfeln. Den Speck in einer Pfanne auslassen und kross braten, dann die Zwiebelwürfel dazugeben und anbräunen.

5. Die kalten Klöße in ca. 2 cm dicke Scheiben schneiden und in dem zerlassenen Butterschmalz von beiden Seiten knusprig anbraten. Dann die gebratenen Speck- und Zwiebelwürfel darübergeben, mit etwas Salz und Pfeffer abschmecken und mit gehackter Petersilie bestreut servieren. Dazu passt ein frischer Gurkensalat.

Tipp

Bereiten Sie die Kartoffelklöße frisch zu und servieren Sie sie zu einem Schweinebraten. Meistens bleiben dabei ein paar Klöße übrig, die sich mit diesem Rezept wunderbar verwerten und als eigenständiges Gericht auf den Tisch bringen lassen.

Kartoffelgemüse

Zutaten:
(für 4 Personen)

1 kg Kartoffeln
1 Zwiebel
1 EL Butterschmalz
1 EL Mehl
500 ml Fleisch- oder Gemüsebrühe
1 Lorbeerblatt
Essig
1 Bund Petersilie
Salz

Zubereitung:

1. Die Kartoffeln mit der Schale in Salzwasser garen. Noch heiß pellen und in ca. 1 cm dicke Scheiben schneiden.

2. Die Zwiebel abziehen und in kleine Würfel schneiden.

3. Das Fett in einem großen Topf schmelzen und die Zwiebelwürfel darin glasig dünsten. Das Mehl mit einem Schneebesen einrühren, sofort die Brühe angießen und weiterrühren, sodass eine dickflüssige Soße entsteht.

4. Das Lorbeerblatt, Salz und einen Schuss Essig dazugeben und nach Belieben abschmecken. Die Soße muss leicht säuerlich sein.

5. Die Kartoffelscheiben dazugeben und alles mit einem Holzlöffel vorsichtig umrühren. Bei mittlerer Hitze kochen, bis ein dickliches Gemüse entsteht. Dabei gelegentlich vorsichtig umrühren.

6. Die Petersilie waschen und klein schneiden. Kurz vor dem Servieren unter das Gemüse mengen.

Tipp

Dazu schmecken Bratwürste oder Frikadellen. Wenn Sie Gemüse übrig haben, können Sie es am nächsten Tag noch einmal aufkochen – es wird dann sogar noch aromatischer!

Pellkartoffeln

mit Kräuterquark

Zutaten:
(für 4 Personen)

8 mittelgroße Kartoffeln
1 Zwiebel
1 Knoblauchzehe
1 Bund Schnittlauch
1 Bund Petersilie
500 g Quark (40 %)
100 ml Milch
Pfeffer
Salz

Zubereitung:

1. Die Kartoffeln unter fließendem Wasser gründlich bürsten und mit der Schale in reichlich Salzwasser garen.

2. Die Zwiebel und die Knoblauchzehe abziehen und in feine Würfel hacken.

3. Den Schnittlauch waschen und in feine Röllchen schneiden. Die Petersilie waschen, von den Stielen zupfen und klein schneiden.

4. Den Quark in eine Schüssel geben. Mit einem Schneebesen so viel von der Milch einrühren, bis der Quark sämig ist. Er sollte nicht zu dünnflüssig sein.

5. Mit einem Rührlöffel die klein gehackte Zwiebel, den Knoblauch und die klein geschnittenen Kräuter unterrühren. Den Quark mit Salz und Pfeffer abschmecken und zu den heißen Pellkartoffeln servieren.

Tipp

Die Kartoffeln schmecken auch sehr gut zu kurz gebratenem Fleisch wie z. B. Steaks. Am besten eignen sich hierfür mehligkochende Kartoffeln. Wer Thymian mag, kann diesen noch klein geschnitten in den Quark geben.

Reibekuchen

Zutaten:
(für 4 Personen)

1 kg Kartoffeln
4 Eier
geriebene Muskatnuss
Öl zum Ausbacken
Pfeffer
Salz

Tipp

Wer mag, kann vor dem Backen noch eine in feine Würfel geschnittene Zwiebel unter die Kartoffelmasse mischen. Zu den Reibekuchen passt sehr gut Apfelmus. Sie schmecken aber auch zu Kartoffel- oder Bohnensuppe.

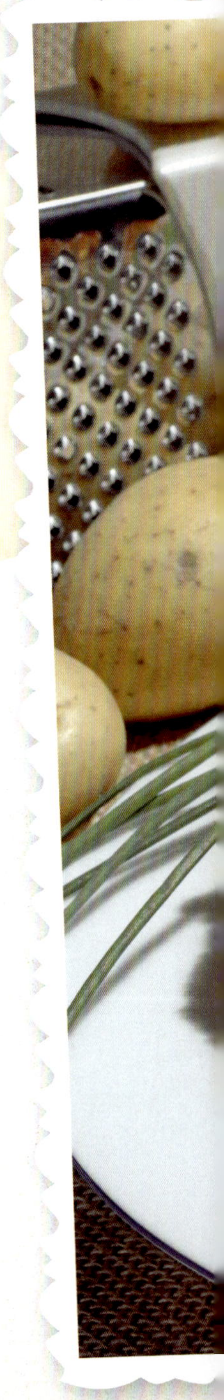

Zubereitung:

1. Die Kartoffeln waschen und schälen. Die ganzen Kartoffeln in kaltes Wasser legen.

2. Die rohen Kartoffeln fein reiben. Die Kartoffelmasse in ein Leinentuch geben und die Flüssigkeit herausdrücken.

3. Die ausgedrückte Kartoffelmasse in eine Schüssel geben und mit den Eiern vermischen. Mit Salz, Pfeffer und Muskatnuss kräftig würzen.

4. In eine hohe Pfanne so viel Öl füllen, dass die Reibekuchen schwimmend gebacken werden können. Das Öl sehr heiß werden lassen.

5. Mit einer Suppenkelle den Teig in das siedend heiße Öl geben und zu flachen, knusprigen Pfannkuchen ausbacken.

6. Die fertigen Reibekuchen zum Abtropfen kurz auf Küchenkrepp und anschließend auf einen vorgewärmten Teller legen.

Bratheringe

Zutaten:
(für 4 Personen)

4 grüne Heringe (küchenfertig)
1 EL Mehl
2 EL Butterschmalz
Pfeffer
Salz

Für die Marinade:
2 Zwiebeln
Essig
1 Lorbeerblatt
1 Gewürznelke
Salz

Zubereitung:

1. Die Heringe innen und außen mit Salz und Pfeffer würzen und in dem Mehl wenden. Das Butterschmalz in einer Pfanne erhitzen und die Heringe darin von beiden Seiten je etwa 5 Minuten goldbraun anbraten.

2. Die fertig gebratenen Heringe kurz auf Küchenkrepp legen und dann locker in eine Schüssel schichten.

3. Die Zwiebeln abziehen und in feine Ringe schneiden.

4. 250 ml Wasser zusammen mit den Zwiebelringen, dem Essig, dem Lorbeerblatt, der Gewürznelke und einer Prise Salz aufkochen.

5. Die Marinade etwas abkühlen lassen und über die gebratenen Heringe gießen.

6. An einem kühlen Ort etwa 3 Tage durchziehen lassen.

Tipp

Zu den Bratheringen schmecken Bratkartoffeln am besten. Wer mag, kann die in Mehl gewendeten Heringe vor dem Braten noch zusätzlich in Ei und Paniermehl wenden.

Hering in Sahnesoße

Zutaten:
(für 4 Personen)

12 Matjesfilets
1 große Zwiebel
2 säuerliche Äpfel
3 Gewürzgurken
400–600 ml süße Sahne
Pfeffer

Zubereitung:

1. Die Matjesfilets kurz unter fließendem, kaltem Wasser abspülen. Die Filets entweder so belassen oder in mundgerechte Stücke schneiden.

2. Die Zwiebel abziehen und in dünne Ringe schneiden. Die Äpfel waschen, vierteln, das Kerngehäuse entfernen und die Äpfel danach in ca. 0,5 cm dünne Scheibchen schneiden. Die Gewürzgurken grob würfeln.

3. Die Filets in eine große Schüssel oder Auflaufform geben, mit den Zwiebelringen, den Apfel- und Gurkenstücken vermischen. Zum Schluss die Sahne darübergießen, sodass die Heringsfilets gut bedeckt sind. Das Ganze mindestens sechs Stunden, am besten über Nacht, durchziehen lassen.

4. Vor dem Servieren noch einmal durchrühren und gegebenenfalls mit etwas Pfeffer abschmecken.

Tipp

Geben Sie noch zwei hart gekochte und klein gewürfelte Eier in die Soße. Dazu schmecken am besten frische Pellkartoffeln.

Zutaten:
(für 4 Personen)

800 g frisches Kabeljaufilet
2 Eier
Mehl
Butterschmalz
1 Zitrone
Pfeffer
Salz

Für den Kartoffelsalat:
2 kg festkochende Kartoffeln
1 TL Margarine
250 ml Fleisch- oder Gemüsebrühe
3 EL Öl
3 EL Essig
1 Bund Petersilie
Pfeffer
Salz

Zubereitung:

1. Die Kartoffeln waschen und in reichlich Salzwasser zum Kochen bringen. 1 TL Margarine über den kochenden Kartoffeln verteilen. Die Kartoffeln schnittfest kochen.

2. Die Kartoffeln abgießen, schälen und in Scheiben schneiden.

3. Die heiße Brühe über die noch warmen Kartoffelscheiben gießen und sofort durchmischen. Damit wird verhindert, dass die Scheiben zusammenkleben.

4. Das Öl und den Essig dazugeben sowie mit Salz und Pfeffer kräftig würzen. Die Petersilie waschen, die Blättchen von den Stielen zupfen, klein schneiden und unter den fertigen Kartoffelsalat mischen. Gut 1 Stunde durchziehen lassen und eventuell noch etwas Brühe dazugeben, damit er schön feucht bleibt.

5. Das Fischfilet unter fließendem, kaltem Wasser abwaschen, mit Küchenkrepp trocken tupfen.

6. Die Eier in einem flachen Teller mit einer Gabel verschlagen. In einen zweiten Teller Mehl geben.

7. Das Butterschmalz in einer Pfanne erhitzen. Den Fisch in Portionsstücke schneiden. Mit Salz und Pfeffer würzen und zuerst in den verquirlten Eiern und dann im Mehl wenden. Sofort im heißen Butterschmalz von beiden Seiten goldbraun anbraten.

8. Den Fisch mit dem Kartoffelsalat auf Tellern anrichten und mit der in Scheiben geschnittenen Zitrone servieren.

Kabeljau mit Kartoffelsalat

Tipp

Der Kartoffelsalat wird noch deftiger, wenn man angebratene Speckwürfel daruntermischt.

Eisbein mit sauren Bohnen

Zutaten:
(für 4 Personen)

1 gepökelte Schweine-Hinterhaxe (ca. 2 kg)
2 EL gekörnte Brühe
1 EL Margarine
1 EL Mehl
500 g geschnittene saure Bohnen

Zubereitung:

1. In einem großen Topf 3 l Wasser zum Kochen bringen. 2 EL gekörnte Brühe einrühren. Das Eisbein hineinlegen und knapp eine Stunde kochen. Das Fleisch muss noch knackig sein. Das Eisbein aus der Brühe nehmen und im Backofen bei 100–150 °C warmhalten.

2. In einem Topf die Margarine erhitzen. Mit einem Schneebesen das Mehl einrühren und mit etwas Brühe von der Haxe aufgießen. Solange gut rühren, bis eine sämige Soße entsteht.

3. Die sauren Bohnen hineingeben und unter ständigem Rühren erhitzen.

4. Wer das Eisbein nicht im Ganzen auf den Tisch stellen möchte, kann mit einem langen Messer das Fleisch am Knochen entlang in Scheiben abschneiden. Damit es heiß bleibt, evtl. nochmals in die Brühe legen. Auf einer Platte zusammen mit den Bohnen anrichten.

Tipp

Dazu schmeckt am besten Kartoffelpüree. Eventuelle Reste vom Eisbein kann man kalt mit Brot und Senf servieren.

Frikadellen

Zutaten:
(für 4 Personen)

5 Zwiebeln
1 altbackenes Brötchen
500 g gemischtes Hackfleisch

1 Ei
geriebene Muskatnuss
Pfeffer
Salz

4 EL Butterschmalz zum Braten

Zubereitung:

1. Eine Zwiebel abziehen und in feine Würfel schneiden. Das trockene Brötchen in heißem Wasser einweichen, bis es völlig durchtränkt ist.

2. Das Hackfleisch, die Zwiebelwürfel, das Ei und ½ TL Salz in eine Schüssel geben. Mit einer Gabel oder den Händen gut durchmischen.

3. Das Brötchen mit den Händen fest ausdrücken, in die Schüssel zu der Hackfleischmischung geben und das Ganze gut vermengen. Die Mischung mit Pfeffer und Muskatnuss nach Belieben abschmecken.

4. Die restlichen Zwiebeln abziehen und in Ringe schneiden.

5. 2 EL Butterschmalz in einer großen Pfanne erhitzen. Die Zwiebelringe hineingeben und bei mittlerer Hitze etwa 15 Minuten anbraten, dabei immer wieder mit einem Holzlöffel wenden. Nach Wunsch noch etwas Butterschmalz zugeben, damit die Zwiebeln „glasig" werden. Mit Salz und Pfeffer würzen.

6. Das restliche Butterschmalz in einer zweiten Pfanne erhitzen. Die Hände mit kaltem Wasser befeuchten und aus der Hackfleischmasse Kugeln formen, flach drücken und in dem heißen Fett von beiden Seiten scharf anbraten. Die Frikadellen so lange durchziehen lassen, bis die Zwiebelringe fertig sind.

7. Die heißen Frikadellen auf einer vorgewärmten Platte anrichten, mit den Zwiebelringen belegen und sofort servieren.

Tipp

Zu den Frikadellen passen Salzkartoffeln und Tomatensalat. Wenn man die Zwiebeln dunkler haben möchte, muss das Fett beim Anbraten der Zwiebeln sehr heiß sein. Mit 1 EL Soßenpulver und 250 ml Wasser aufgekocht, erhält man eine schmackhafte Soße.

Himmel und Erde

Zutaten:
(für 4 Personen)

200 g durchwachsener Speck
500 g geräucherte Blutwurst
Butterschmalz zum Anbraten

Für das Kartoffelpüree:
750 g Kartoffeln
125 ml Milch
Salz

Für das Apfelmus:
1 kg Äpfel
1 unbehandelte Zitrone
1 Zimtstange
100 g Zucker

Zubereitung:

1. Die Kartoffeln waschen, schälen und in etwas Salzwasser garen.

2. In der Zwischenzeit die Äpfel schälen, vierteln, die Kerngehäuse herausschneiden und die Viertel in Spalten schneiden. Die Zitrone abwaschen und die Schale spiralförmig abschneiden. Die Spalten mit 125 ml Wasser, der Zimtstange und der Zitronenschale in einem Topf mit geschlossenem Deckel weich kochen. Die Zitronenschale und den Zimt herausnehmen. Noch heiß den Zucker dazugeben und die Äpfel mit einem Schneebesen zu Mus schlagen.

3. Die gegarten, noch heißen Kartoffeln mit einem Kartoffelstampfer unter Zugabe der Milch zu Püree verarbeiten.

4. Den Speck würfeln und in Butterschmalz knusprig anbraten. Die Blutwurst in etwa 5 mm dicke Scheiben schneiden und in Butterschmalz von beiden Seiten kross anbraten.

5. Alles noch heiß auf Tellern anrichten.

Tipp

Ritzen Sie die Haut der Blutwurst an einer Stelle ein, dann wölbt sie sich beim Braten nicht. Um Fett einzusparen, kann man mit einer beschichteten Pfanne beim Braten von Speck und Blutwurst auf die Zugabe von Butterschmalz verzichten.

Hühnerfrikassee

Zutaten:
(für 6 Personen)

1 Suppenhuhn (1½–2 kg)
1 EL gekörnte Brühe
1 EL Hühnerbouillon
1 Stange Lauch
2 Zwiebeln
150 g Margarine
2–3 EL Mehl
geriebene Muskatnuss
1 Bund Schnittlauch
Pfeffer
Salz

Zubereitung:

1. Das Suppenhuhn unter fließendem, kaltem Wasser säubern. In einem großen Topf etwa 4 l Wasser zum Kochen bringen. Das Suppenhuhn mit 1 TL Salz, der gekörnten Brühe und der Hühnerbouillon hineingeben. Ca. 20 Minuten kochen lassen.

2. Den Lauch in Ringe schneiden, waschen und zu dem Suppenhuhn geben. Alles ca. 30 Minuten weiterkochen.

3. Das Suppenhuhn aus der Brühe nehmen und kurz abkühlen lassen. Noch warm die Haut abziehen, das Fleisch von den Knochen lösen und klein schneiden.

4. Die Zwiebeln abziehen und in feine Würfel schneiden.

5. Die Margarine in einem Topf schmelzen und die Zwiebelwürfel darin glasig dünsten. Das Mehl hinzufügen und schnell mit einem Schneebesen verrühren. Sofort etwa 1 ½ l der Hühnerbrühe unter ständigem Rühren dazugeben.

6. Das Hühnerfleisch in die Soße geben und mit Salz, Pfeffer und Muskatnuss abschmecken.

7. Den Schnittlauch waschen und in kleine Röllchen schneiden. Das Frikassee auf Tellern anrichten und mit Schnittlauch bestreut servieren.

Tipp

Zu dem Hühnerfrikassee schmecken Salzkartoffeln oder Reis und grüner Salat.

Krautwickel

Zutaten:
(für 4 Personen)

1 Kopf Weißkraut
1 Zwiebel
250 g gemischtes Hackfleisch
1 Ei
geriebene Muskatnuss
50 g durchwachsener Speck
125 g saure Sahne
Pfeffer
Salz

Zubereitung:

1. Von dem Krautkopf die äußeren, beschädigten Blätter entfernen. Einen Topf mit Salzwasser zum Kochen bringen und den ganzen Krautkopf in das kochende Wasser legen.

2. Den Krautkopf so lange kochen, bis man die Blätter leicht ablösen kann. Etwa 16 große Blätter auf ein Brett legen und die Blattrippen mit einem Messer etwas abflachen, damit sich die Blätter leichter rollen lassen und nicht brechen.

3. Die Zwiebel abziehen und in feine Würfel schneiden. Zusammen mit dem Hackfleisch, dem Ei, Salz, Pfeffer und 1 Prise Muskatnuss mit einer Gabel gut vermischen.

4. Das Hackfleisch in 8 Bällchen aufteilen. Jeweils auf ein Blatt ein Hackfleischbällchen legen und mit einem zweiten Blatt von der anderen Seite bedecken. Die Krautblätter mit dem Hackfleisch aufrollen und mit 1–2 Zahnstochern feststecken.

5. Den Speck in kleine Würfel schneiden und in einer Pfanne ausbraten. Die Krautwickel darauflegen und von beiden Seiten anbraten.

6. Die saure Sahne und 250 ml Wasser zugeben und bei geschlossenem Deckel je nach Größe etwa 10 Minuten weich dünsten.

Tipp

Zu den Krautwickeln passt Kartoffelpüree mit einer Soße, die Sie aus dem Krautsud zubereiten können.

Linsen mit Spätzle

Zutaten:
(für 4 Personen)

400 g Linsen
2 Schalotten
20 g Schweineschmalz
20 g Mehl
200 g geräucherter Bauchspeck
4 Paar Frankfurter Würstchen
800 g Spätzle
Pfeffer
Salz

Zubereitung:

1. Die Linsen waschen, die Schalotten abziehen und fein hacken.
2. Das Schweineschmalz in einem Topf schmelzen, die Schalotten darin andünsten, mit dem Mehl bestäuben und mit 500 ml Wasser aufgießen. Die Linsen mit dem Bauchspeck zugeben und alles ca. 20 Minuten köcheln. 5 Minuten, bevor die Linsen fertig sind, die Würstchen in den Topf geben und erhitzen.
3. Die Spätzle in reichlich Salzwasser al dente kochen. Nach Ablauf der Garzeit abschütten und warm stellen.
4. Wenn die Linsen gar sind, das Bauchfleisch herausnehmen und in Scheiben schneiden. Die Linsen mit Salz und Pfeffer abschmecken und zusammen mit Bauchfleisch, Würstchen und Spätzle servieren.

Tipp

Wer es gerne säuerlich mag, kann noch etwas Essig über die Linsen träufeln.

Zutaten:
(für 4 Personen)

1 Zwiebel
40 g Pflanzenfett
1 kg Sauerkraut
Kümmel
4 Stielrippchen
1 kg Kartoffeln
250 ml Milch
10 g Butter
1 EL Mehl
Salz

Zubereitung:

1. Die Zwiebel abziehen und in feine Würfel schneiden. In einem großen Topf das Fett heiß werden lassen und die Zwiebelwürfelchen darin anbraten.

2. Das Sauerkraut mit zwei Gabeln auflockern und zu den Zwiebeln geben. Mit einer Prise Salz und Kümmel würzen. Mit etwas Wasser aufgießen und das Kraut weich kochen. Die Rippchen auf das Kraut legen und heiß werden lassen.

3. Die Kartoffeln schälen, in Salzwasser gar kochen und abschütten. Die Milch und die Butter dazugeben und alles mit einem Kartoffelstampfer zu Püree verarbeiten.

4. Wenn das Kraut gar ist, die Rippchen herausnehmen und warm stellen. Das Mehl in einer Tasse kaltem Wasser anrühren, zu dem Kraut geben und 15 Minuten weiterkochen.

5. Die Rippchen mit Kraut und Kartoffelpüree auf Tellern anrichten und servieren.

Tipp

Statt Kartoffelpüree schmeckt auch frisches Brot und Senf zu diesem Gericht. Dem Sauerkraut können Sie nach Belieben 1 Lorbeerblatt und einige Wacholderbeeren hinzugeben.

Rippchen
mit Sauerkraut

Sauerbraten

Zutaten:
(für 4 Personen)

1 kg Rinderbraten
etwas Mehl
40 g Fett
Pfeffer
Salz

Für die Beize:
1 Zwiebel
4 Nelken
1 Karotte
1 Petersilienwurzel
½ Sellerieknolle
½–1 l Essig
10 Pfefferkörner
1 Lorbeerblatt

Zubereitung:

1. Für die Beize die Zwiebel abziehen und mit den Nelken spicken, das Wurzelgemüse putzen und in Scheiben schneiden. 3 l Wasser mit dem Essig in einem großen Topf zum Kochen bringen und mit allen Zutaten ca. 15 Minuten kochen. Die Beize völlig erkalten lassen, über das Fleisch gießen und dieses an einem kühlen Ort 5–10 Tage in der Beize marinieren.

2. Das Fleisch aus der Beize nehmen, mit Küchenkrepp trocken tupfen, salzen und pfeffern, in etwas Mehl wenden und im heißen Fett von allen Seiten braun anbraten. Die Beize durch ein Sieb gießen und die Flüssigkeit auffangen.

3. Den Braten mit so viel Essigbeize aufgießen, dass er knapp damit bedeckt ist. Im geschlossenen Topf ca. 2 Stunden schmoren.

4. Nach Ablauf der Garzeit den Sauerbraten herausnehmen, beiseitestellen und die Soße mit etwas Mehl binden. Je nach Geschmack noch mit Salz und Pfeffer nachwürzen.

5. Den Braten in Scheiben schneiden, auf Tellern anrichten und die Soße getrennt dazu reichen.

Tipp

Je nachdem, wie viel Essig Sie für die Beize nehmen, wird es ein milder oder scharf-saurer Braten. Am besten schmecken zu diesem Gericht selbst gemachte Kartoffelklöße (siehe Rezept auf Seite 26) und ein knackiger Salat.

Zutaten:
(für 4 Personen)

1 kg breite grüne Bohnen
2 große Zwiebeln
400 g Kartoffeln
1½ kg gesalzener Schweinebauch
100 g Margarine
2 EL gekörnte Brühe mit Suppengrün
1 TL getrocknetes Bohnenkraut
Pfeffer
Salz

Zubereitung:

1. Die Bohnen waschen, an den Enden abschneiden und die Fäden abziehen. Die Bohnen in 3–4 cm lange Stücke schneiden und in kaltem Wasser einweichen.

2. Die Zwiebeln abziehen und in feine Würfel schneiden. Die Kartoffeln waschen, schälen und der Länge nach vierteln. In 3–4 mm dicke Scheiben schneiden und in kaltes Wasser legen.

3. Den Schweinebauch in etwa 3 Liter kochendes Wasser ohne Salz geben und ca. 1 ½–2 Stunden garen.

4. In einem großen Topf die Margarine zerlassen, die klein geschnittenen Zwiebeln hineingeben und bei niedriger Stufe glasig dünsten. Kräftig mit Salz und Pfeffer würzen.

5. Die klein geschnittenen Bohnen in ein Sieb geben, abtropfen lassen und auf die gedünsteten Zwiebeln schütten. Die gekörnte Brühe und das Bohnenkraut darüberstreuen. Sofort etwa ½ l des Fleisch-Kochwassers darübergießen und kurz aufkochen lassen.

6. Die Kartoffelstücke in ein Sieb geben, abtropfen lassen und auf die Bohnen schütten. Das Ganze mit einem Holzrührlöffel durchmischen und bei mittlerer Hitze köcheln lassen, bis die Kartoffeln weich sind. Die fertige Gemüsemischung mit Salz und Pfeffer nachwürzen.

7. Mit dem in Stücke geschnittenen Schweinebauch auf Tellern anrichten und servieren.

Schweinebauch

mit Bohnen

Zutaten:
(für 4 Personen)

1 kg Schweinekammbraten
Öl
2 Zwiebeln
2 Karotten
Butterschmalz
Pfeffer
Salz

Für das Rotkraut:
1 Kopf Rotkraut
1 Zwiebel
1 säuerlicher Apfel
50 g Margarine
1 Lorbeerblatt
3 Nelken
1 EL Mehl
Pfeffer
Salz

Zubereitung:

1. Den Schweinebraten mit Salz und Pfeffer würzen. Mit Öl einreiben und 10 Minuten ruhen lassen. Die Zwiebeln abziehen, halbieren und in Scheiben schneiden. Die Karotten schälen und würfeln.

2. Das Butterschmalz in einer Kasserolle erhitzen. Den Schweinebraten in das heiße Fett legen und von allen Seiten scharf anbraten. Die klein geschnittenen Zwiebeln und Karotten zu dem Braten geben und mit anbraten. Etwa 250 ml heißes Wasser zugeben und den Braten bei geschlossenem Deckel ca. 1 Stunde schmoren. Bei Bedarf noch etwas Wasser zugeben.

3. Vom Rotkraut die äußeren Blätter entfernen, das Kraut vierteln und den Strunk herausschneiden. Die Viertel in feine Streifen schneiden.

4. In einem großen Topf ca. 3 l Wasser zum Kochen bringen, etwas Salz dazugeben und das geschnittene Kraut hinzufügen. Bissfest kochen, in ein Sieb schütten und abtropfen lassen.

5. Die Zwiebel abziehen und fein würfeln. Den Apfel schälen, vierteln, das Kerngehäuse entfernen und den Apfel in Spalten schneiden. Die Spalten halbieren.

6. Die Margarine in einem Topf erhitzen, die klein geschnittene Zwiebel darin glasig dünsten. Das Lorbeerblatt, die Nelken und den klein geschnittenen Apfel dazugeben. Einige Minuten weiterdünsten. Einen Löffel Mehl einrühren und das Rotkraut unterheben. Unter ständigem Rühren das Rotkraut fertig garen und mit Salz und Pfeffer abschmecken.

Schweinebraten mit Rotkraut

7. Den fertigen Schweinebraten kurz ruhen lassen, dann in Scheiben schneiden und zusammen mit dem Rotkraut servieren.

Tipp

Aus dem Bratenfond kann man eine schmackhafte Soße zubereiten und dazu Klöße oder Salzkartoffeln servieren.

Zutaten:

(für 4 Personen)

500 g Schweinelende
100 g Butterschmalz
5–6 Zwiebeln
2–3 Knoblauchzehen
200 g süße Sahne
200 g saure Sahne oder Crème fraîche
2 Bund Petersilie
200 g geriebener mittelalter Gouda
Pfeffer
Salz

Zubereitung:

1. Die Lende in ca. 5 cm dicke Stücke schneiden. Ca. 50 g Butterschmalz in einer Pfanne erhitzen und die Lendenstücke darin kurz von beiden Seiten scharf anbraten. Die Fleischstücke in eine Auflaufform legen und mit Salz und Pfeffer würzen.

2. Die Zwiebeln abziehen und in Ringe schneiden. Den Knoblauch abziehen und fein hacken. Den Knoblauch auf ein Brett geben, eine Prise Salz darüberstreuen und mit einem Messer zerdrücken.

3. Das restliche Butterschmalz in einer Pfanne erhitzen und die Zwiebelringe mit dem Knoblauch darin goldbraun anbraten. Mit der süßen und der sauren Sahne übergießen und mit Salz und Pfeffer würzen. Die Masse leicht abkühlen lassen.

4. Die Petersilie waschen, klein schneiden und unter die abgekühlte Zwiebel-Sahne-Mischung heben.

5. Die Mischung über die Lendenstücke in die Auflaufform gießen und den geriebenen Käse darüberstreuen.

6. Die Lende im vorgeheizten Backofen bei 200 °C ca. 30 Minuten überbacken.

Tipp

Dazu schmecken Reis oder Baguette und grüner Salat.

Überbackene Schweinelende

Tafelspitz
mit Meerrettich

Zutaten:
(für 4 Personen)

geriebene Muskatnuss
2 EL gekörnte Brühe
1 kg Tafelspitz
Pfeffer
Salz

Für die Meerrettichsoße:
3 altbackene Brötchen
50 g frisch geriebener Meerrettich
2 Gläser Meerrettich (300 g)
200 g süße Sahne
1 EL Mehl

Zubereitung:

1. In einem großen Topf 3 l Wasser mit 1 TL Salz, etwas Pfeffer und Muskatnuss zum Kochen bringen. 2 EL gekörnte Brühe dazugeben und den Tafelspitz in das kochende Wasser legen. Bei mittlerer Hitze ca. 1 Stunde kochen. Noch ca. 20 Minuten in der heißen Brühe stehen lassen, damit das Fleisch durchzieht.

2. 1 l von der heißen Tafelspitzbrühe in einen Topf schütten und die in kleine Stücke geschnittenen Brötchen hineingeben. Die Brötchenstücke völlig durchweichen lassen.

3. Mit einem Pürierstab oder im Mixer die Brötchen pürieren. Den frisch geriebenen und den Meerrettich aus den Gläsern mit einem Schneebesen gleichmäßig in die Brühe einrühren. Auf kleiner Stufe heiß halten.

4. Die süße Sahne mit dem Schneebesen einrühren.

Tipp

Dazu schmecken süße Birnen und Salzkartoffeln. Aus der restlichen Brühe kann man außerdem noch gut eine Fleischbrühsuppe zubereiten.

5. In einem Becher 125 ml kaltes Wasser und das Mehl mit dem Schneebesen verquirlen, in den vorbereiteten Meerrettich einrühren und dabei kurz aufkochen. Wer den Meerrettich nicht zu dickflüssig mag, nimmt nur einen Teil des Mehls.

6. Den noch heißen Tafelspitz in etwa 1 cm dicke Scheiben schneiden und mit dem Meerrettich servieren.

Apfelpfannkuchen

Zutaten:
(für 4 Personen)

200 g Weizenmehl
3 Eier
200 ml Milch
6 große Äpfel
Zucker
Rum
Zimt
Salz
Pflanzenfett zum Ausbacken

Zubereitung:

1. Das Mehl in eine Schüssel sieben. Die Eier nach und nach mit der Milch in das Mehl einrühren, bis ein dickflüssiger Teig entstanden ist. Eine Prise Salz dazugeben.

2. Die Äpfel waschen und schälen. Mit einem Apfelausstecher das Kerngehäuse ausstechen und die Äpfel in ca. 8 mm dicke Ringe schneiden. Die Ringe mit etwas Zucker bestreuen und mit Rum beträufeln. Etwa 10 Minuten durchziehen lassen.

3. In einer hohen Pfanne so viel Pflanzenfett erhitzen, dass die Apfelpfannkuchen schwimmend ausgebacken werden können.

4. Die Apfelringe in den Teig tauchen und nach und nach in dem heißen Fett goldbraun ausbacken. Die fertigen Pfannkuchen kurz auf Küchenkrepp und dann auf einen vorgewärmten Teller legen. Mit einer Mischung aus Zucker und Zimt bestreuen.

Tipp

Wenn kein Apfelausstecher zur Verfügung steht, kann man auch die geschälten Äpfel in Scheiben schneiden, die Scheiben auf ein Brett legen und das Kerngehäuse mit einem spitzen Messer herausschneiden. Die Apfelpfannkuchen passen sehr gut zu Gemüsesuppe.

Eierpfannkuchen

Zutaten:
(für 4 Personen)

450 g Weizenmehl	5 EL Zucker	Salz
500 ml Milch	3–4 Tropfen Vanille-Backaroma	Öl zum Backen
6 Eier		

Zubereitung:

1. Das Mehl in eine Schüssel sieben, damit es schön locker wird und keine Klümpchen hat. Die Milch mit 250 ml Wasser mischen.

2. Mit einem Schneebesen die Eier nach und nach in das Mehl einrühren und dabei Milch und Wasser hinzufügen. Schnell rühren, damit es keine Klümpchen gibt. Die Masse sollte dünnflüssig sein.

3. 1 Prise Salz, den Zucker und das Vanillearoma unterrühren, bis sich der Zucker aufgelöst hat.

4. In einer großen Pfanne 1 TL Öl erhitzen. Eine Suppenkelle mit Teig in die Mitte der heißen Pfanne geben. Die Pfanne leicht schwenken, damit der Teig bis zum Pfannenrand verläuft, und weiterbacken, bis die obere Schicht nicht mehr flüssig ist. Mit einem Pfannkuchenwender den Pfannkuchen wenden und ca. 1 Minute weiterbacken. Die Pfanne dabei hin und wieder leicht schütteln, damit der Pfannkuchen nicht am Boden haften bleibt.

5. Wenn der Pfannkuchen fertig ist, rutscht er ganz leicht aus der Pfanne. Auf einen vorgewärmten Teller geben oder gleich rollen. Aus dem restlichen Teig auf diese Weise weitere Pfannkuchen backen.

Tipp

Die Pfannkuchen schmecken sowohl pur, nur mit Zucker und Zimt bestreut, als auch mit eingelegten Früchten, Apfelmus oder Marmelade gefüllt.

Kaiserschmarren

Zutaten:
(für 4 Personen)

4 Eier
120 g Mehl
30 g Zucker
250 ml Milch
50 g Butter
30 g Rosinen
Salz
Puderzucker zum Bestäuben

Zubereitung:

1. Die Eier trennen. Das Mehl mit dem Zucker, einer Prise Salz, der Milch und den Eigelben zu einem dickflüssigen Teig verrühren.

2. Die Eiweiße zu steifem Schnee schlagen und vorsichtig unter den Pfannkuchenteig heben.

3. Die Butter in einer Pfanne heiß werden lassen, den Teig hineingießen und den Boden etwas anbacken lassen. Dann die gewaschenen und trocken getupften Rosinen darüberstreuen. Anschließend wenden und bei geringer Hitze fertig backen.

4. Danach den Pfannkuchen auf einen vorgewärmten Teller geben und mit zwei Gabeln in unregelmäßige Stücke zerpflücken. Den Schmarren mit Puderzucker bestäubt servieren.

Tipp

Zu Kaiserschmarren schmecken eingemachte Früchte oder Kompott. Zu späterer Stunde darf es auch ein Gläschen Johannisbeerwein sein.

Zutaten:
(für 4 Personen)

10 altbackene Brötchen
1½ l Milch
8 Eier
6 EL Zucker
3–4 Tropfen Vanille-Backaroma
50 g Margarine
Zucker
Zimt

Zubereitung:

1. Von den Brötchen die Kruste rundherum abreiben. Die abgeriebene Kruste wird als Paniermehl in einer kleinen Schüssel aufgehoben.

2. Die Milch in eine große Schüssel geben, in der 10 Brötchen Platz haben. Die Eier nach und nach mit einem Handrührgerät in die Milch einrühren. Den Zucker und das Vanille-Aroma zugeben und rühren, bis der Zucker sich aufgelöst hat.

3. Die abgeriebenen Brötchen in die Eiermilch legen, bis sie völlig durchgeweicht sind. Wenn es schnell gehen soll, ab und zu umwenden.

4. Die Margarine in einer Pfanne schmelzen. Die Brötchen einzeln aus der Milch nehmen und mit beiden Händen vorsichtig ausdrücken. Beide Seiten mit der abgeriebenen Kruste panieren, wieder leicht flach drücken und sofort ins heiße Fett legen.

5. Von beiden Seiten knusprig anbraten und kurz in der Pfanne durchziehen lassen, damit sie durch und durch heiß sind. Zucker und Zimt vermischen und die Kartäuserklöße noch heiß damit bestreuen und sofort servieren.

Kartäuserklöße

Tipp

Die abgeriebenen Brötchen über Nacht in der Milch einweichen. Am besten die Brötchen mit einem Teller beschweren, damit sie oben nicht austrocknen. Zu den Kartäuserklößen schmeckt Apfelmus hervorragend.

Kirschenmichel

Zutaten:
(für 4 Personen)

5 altbackene Brötchen
375 ml Milch
1 unbehandelte Zitrone
125 g weiche Butter
125 g Zucker
2 Msp. gemahlener Zimt
800–1000 g Süß- oder Sauerkirschen, eingekocht oder frisch
4 Eier
Salz
Butterflöckchen

Zubereitung:

1. Die Brötchen in Scheiben schneiden und in einer flachen Form auslegen. Die Milch kurz aufkochen lassen und über die Brötchenscheiben gießen. So lange stehen lassen, bis die Milch ganz aufgesogen ist.

2. In der Zwischenzeit die Zitrone waschen, trocknen und die Schale abreiben. Die Butter mit dem Zucker, der Zitronenschale und dem Zimt mit den Rührbesen des Handrührgerätes einige Minuten schaumig schlagen. Die Kirschen abschütten und abtropfen lassen bzw. die frischen Kirschen putzen, waschen und entkernen.

3. Die Eier trennen, dabei die Eiweiße in einer separaten Schüssel auffangen. Die Eigelbe nach und nach in die Buttermasse einrühren. Die Eiweiße mit einer Prise Salz zu sehr steifem Schnee schlagen.

4. Den Backofen auf 180 °C vorheizen. Die eingeweichten Brötchenscheiben in eine Schüssel geben und mit der Butter-Eier-Masse verrühren. Die Kirschen und den Eischnee unterheben.

5. Alles in eine gefettete, feuerfeste Auflaufform füllen und 30 Minuten backen. Den Auflauf mit Zimt und Butterflöckchen bestreuen und weitere 30 Minuten backen.

Tipp

Durch das steif geschlagene Eiweiß wird das Gebäck – ähnlich wie bei Soufflé – sehr locker und geht auf. Den Kirschenmichel sofort auf den Tisch bringen, sonst fällt er zusammen.

Nonnenfürzchen

Zutaten:

(für 4 Personen, ergibt ca. 20–25 Stück)

50 g Butter
25 g Puderzucker
125 g Mehl
25 g Stärke
1 unbehandelte Zitrone
4 Eier
Salz
2 kg Pflanzenfett zum Ausbacken
Kristallzucker zum Wälzen

Zubereitung:

1. 250 ml Wasser zusammen mit der Butter, dem Puderzucker und 1 Prise Salz zum Kochen bringen. In der Zwischenzeit die Zitrone waschen, trocknen und die Schale abreiben. Das Mehl mit der Stärke und der Zitronenschale vermischen.

2. Sobald das Wasser kocht, den Topf vom Herd nehmen und die Mehlmischung auf einmal in den Topf schütten. Erneut auf den Herd stellen und so lange rühren, bis sich ein Kloß bildet und auf dem Topfboden eine weiße Haut absetzt. (Diesen Vorgang nennt man „Abbrennen“.)

3. Den Teigkloß in eine Schüssel geben, kurz abkühlen lassen und das erste Ei zügig in den Teig einarbeiten. Die restlichen Eier nach und nach unterrühren.

4. Das Fett auf 180 °C erhitzen. Mithilfe eines Teelöffels kleine Kugeln abstechen (den Löffel vorher immer wieder in kaltes Wasser eintauchen) und maximal vier Kugeln gleichzeitig in das heiße Fett geben, denn das Gebäck braucht Platz und muss sich im Fett frei bewegen können.

5. Die Nonnenfürzchen ca. 3 Minuten goldbraun ausbacken, mit einem Schaumlöffel herausnehmen, kurz auf Küchenkrepp legen und noch heiß in Zucker wälzen. Das Gebäck schmeckt warm serviert am besten.

Tipp

Woher das Gebäck seinen Namen hat, werden Sie beim Ausbacken feststellen. Da es sich um einen Brandteig handelt, der beim Frittieren aufgeht, werden die Kugeln innen hohl. Manche platzen nach kurzer Zeit auf und verursachen dabei ein entsprechendes Geräusch.

Waffeln mit roter Grütze

Zutaten:
(für 4 Personen, ergibt ca. 12 Waffeln)

100 g Butter oder Margarine
150 g Zucker
4 Eier
1 Vanillezucker
250 g Weizenmehl
250 ml Milch
Salz

Für die rote Grütze:
150 g Sauerkirschen
70 g Süßkirschen
150 g rote Johannisbeeren
70 g Himbeeren
70 g Brombeeren
50 g Speisestärke
100 g Zucker

Zubereitung:

1. Die Sauer- und Süßkirschen waschen, entstielen und entkernen. Die Johannisbeeren waschen und von den Stielen abzupfen. Die Himbeeren und Brombeeren verlesen und bei Bedarf waschen.

2. Die Süßkirschen und die Sauerkirschen mit den Johannisbeeren in 750 ml Wasser weich kochen. In ein Sieb schütten und den Saft auffangen.

3. Den Saft zum Kochen bringen. Die Speisestärke mit einem Schneebesen in kaltem Wasser anrühren und unter ständigem Rühren in den kochenden Saft einrühren. Kurz aufkochen lassen, dann den Zucker dazugeben und weiterrühren, bis die Masse andickt.

4. Alle Früchte in den heißen Saft geben, mit einem Rührlöffel unterziehen und erkalten lassen.

5. Die Butter oder Margarine und den Zucker mit einem Handrührgerät schaumig schlagen. Die Eier nach und nach mit dem Schneebesen in die Butter-Zucker-Masse einrühren. 1 Prise Salz und den Vanillezucker einrühren.

6. Das Mehl durchsieben, zusammen mit der Milch sowie 250 ml Wasser mit dem Schneebesen in die Masse einrühren und alles zu einem klumpenfreien Teig verarbeiten.

7. In eine vorgeheizte Herzwaffelform jeweils eine Suppenkelle mit Teig gießen und die Waffeln goldbraun backen. Zusammen mit der roten Grütze servieren.

Tipp

Die Waffeln schmecken auch sehr gut einfach nur mit Puderzucker bestäubt oder pur zu Kartoffel- oder Bohnensuppe.

Wasserspatzen

Zutaten:
(für 4 Personen)

400 g Mehl
3 Eier
Salz

Tipp

Dazu schmeckt Dörrobst oder Apfelmus. Die Wasserspatzen eignen sich auch hervorragend als Einlage, z. B. in Kartoffel- oder Linsensuppe.

Zubereitung:

1. Das Mehl in eine Schüssel sieben. Die Eier nach und nach mit den Knethaken des Handrührgerätes in das Mehl einarbeiten.

2. ½ TL Salz und 250 ml Wasser mit einkneten, bis ein zäher dünner Teig entsteht.

3. In einem großen Topf ca. 3 l Wasser mit einem TL Salz zum Kochen bringen.

4. Eine Portion Teig auf ein Brett geben, sodass er flach verläuft. Mit einem glatten Messer oder einem Sparschäler kleine Streifchen in das kochende Wasser schaben.

5. Die Spatzen sind gar, wenn sie an der Oberfläche des Wassers schwimmen. Die fertigen Spatzen sofort mit einer Schaumkelle abschöpfen und in eine Schüssel geben.

6. Auf diese Weise nach und nach den ganzen Teig verarbeiten.

Register

Genehmigte Lizenzausgabe
EDITION XXL GmbH
Industriestraße 19
64407 Fränkisch-Crumbach 2016
www.edition-xxl.de

Idee und Projektleitung: Sonja Sammüller
Layout, Satz und Umschlaggestaltung:
design cat GmbH

ISBN 978-3-89736-165-2

Bildnachweis
Shutterstock: Africa Studio 4; fresher 6; Magdalena Kucova 4; Nella 4, 7, 9, 11, 12, 14, 16, 19, 21, 22, 25, 27, 29, 30, 32, 35, 37, 39, 41, 43, 45, 47, 48, 50, 53, 57, 58, 61, 63, 65, 67, 6971, 73, 74, 77, 78; Valentina Proskurina 5

Alle weiteren Fotos: design cat GmbH